Löwenzahn und Pusteblume 1

Werkstatt für das Lesen- und Schreibenlernen

Leselernbuch Teil A

Herausgegeben und erarbeitet
von Jens Hinnrichs
unter Mitarbeit von Petra Dalldorf, Jana Hofmann,
Katharina Kosjek, Ursula Schwarz, Brigitte Stöcker.

Unter beratender Mitarbeit
von Angelika Huk.

Mit Illustrationen von Antje Hagemann
und Felix Scheinberger.

Schroedel

Inhaltsübersicht

Löwenzahn und Pusteblume 1

Werkstatt für das Lesen- und Schreibenlernen

Leselernbuch Teil A

Druck A [9] / Jahr 2015
Alle Drucke der Serie A sind im Unterricht parallel verwendbar.

Redaktion: Lisa Prückler
Herstellung: Gundula Wanjek-Binder, Hannover
Layout: typocepta, Köln
Umschlaggestaltung: Andrea Heissenberg, Jennifer Kirchhof, mit einer Illustration von Felix Scheinberger
Satz: Bock Mediengestaltung, Hannover
Druck und Bindung: westermann druck GmbH, Braunschweig

ISBN 978-3-507-**40670**-4

Miteinander

Seltsames

Tip
Opa
Papa
Mo
Filo
Uhu

Mama
Oma
Imi
Tap
Mi
Lotta

„Mama!"

„Mama!"

Mi und Mo
kommen mit Papa
aus dem Wald.

Mama wartet schon
und winkt.

Mi legt Namen:

Mi, Mama, ...

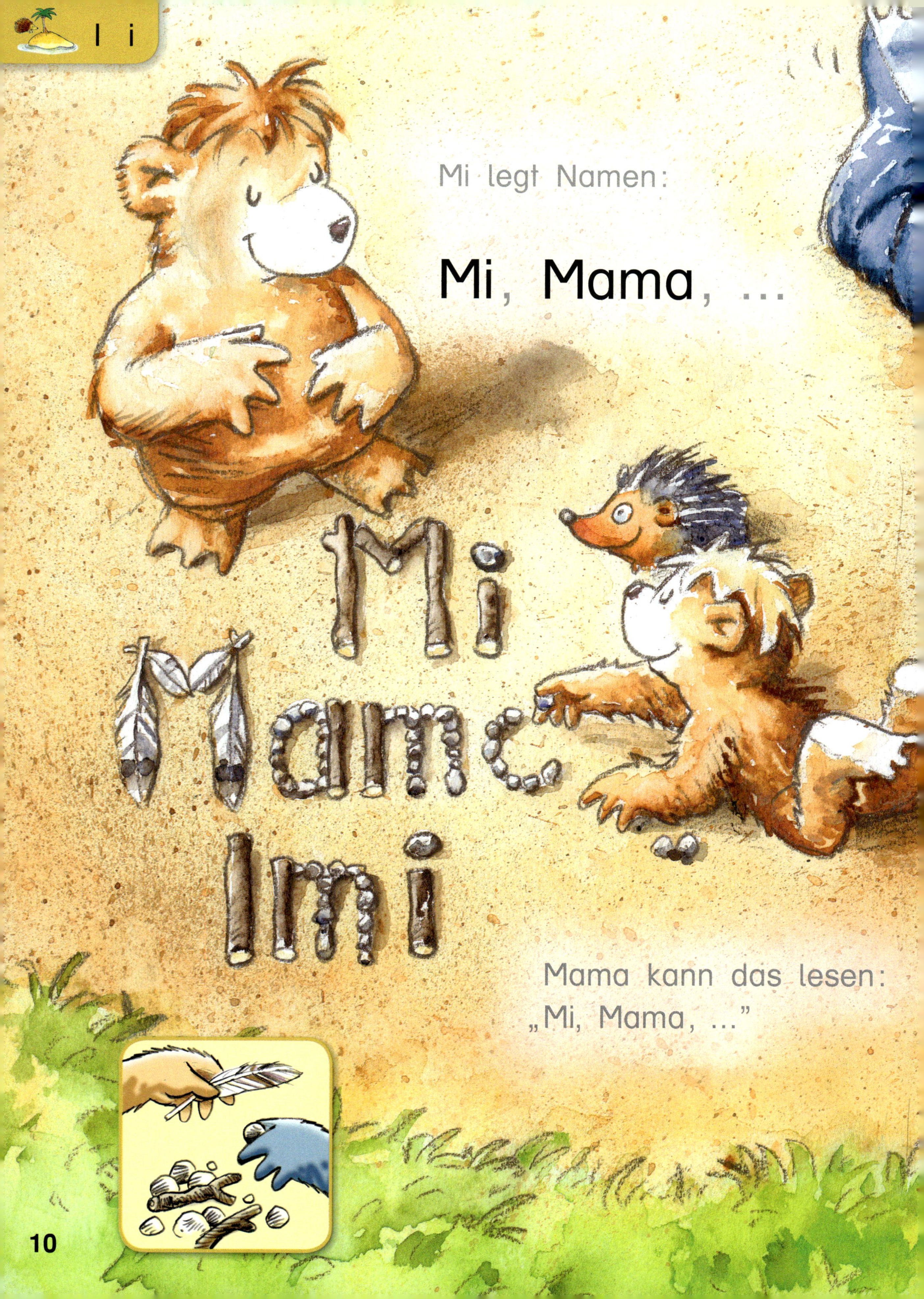

Mama kann das lesen:
„Mi, Mama, ...“

Mo schreibt Namen:

Mo, Oma.

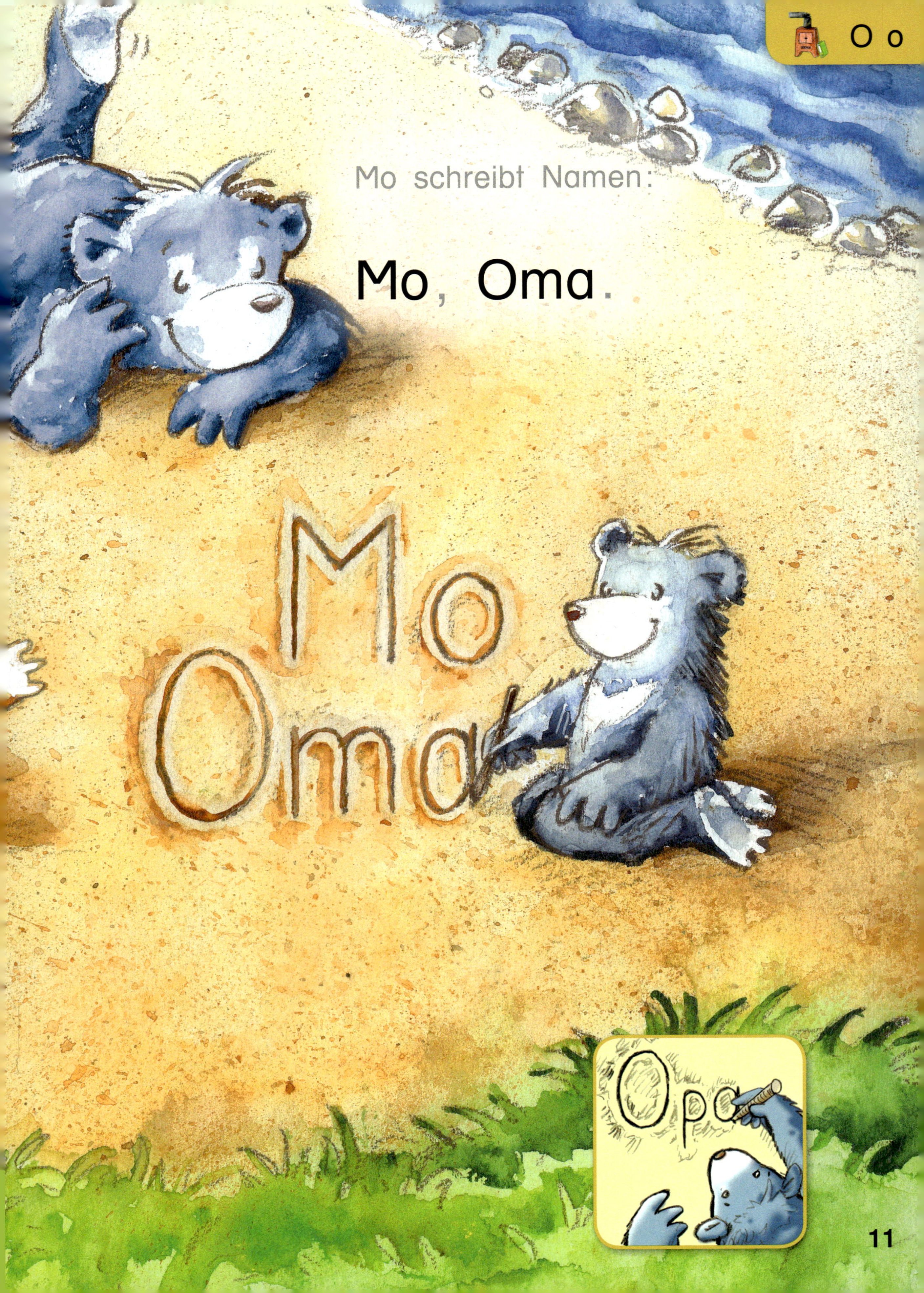

Alle haben sich versteckt:
Mi, Mo, Mama, ...

„Papa!"

„Papa!"

Mi und Mo rufen Papa.
Papa soll sie suchen.

Papa sucht und tastet.
Nanu, wer ist denn das?

Opa trommelt im Takt:

Tam tata tam,
tam tata tam …

Tap und Mi tanzen und singen:

„Tam tata ti,
Tap mit Mi!"

Dann tanzen alle:

Tap mit Mi,
Tip mit Mo,
Mama mit Papa...

Tip und Mo singen:

„Tam tata to,
Tip mit Mo!"

Mi malt Lotta.

„Mi, toll!“

Lotta lacht,
weil es kitzelt.

Tip malt mit Tap.

„Toll, Tip!"

Mo kann lesen,
was Tip schreibt.

„Hallo, Mo!“

Tap möchte auch
in das Haus.
Aber es ist zu hoch.

Mo holt Tap.

„Toll, Mo!“

„Hallo, Mi!
Hallo, Tip!"

„Lotta, hopp!"

Lotta möchte auch
in das Haus.

Mi holt Lotta.

Filo

Tip hilft Filo.
„Tap, hilf mal mit!"

Tip und Tap können Filo nicht helfen.
Filo sitzt in der Falle.

Lotta rennt los.

„Hallo! Hallo!”

Lotta holt Mi.
Lotta holt Mo.

Mi hilft Filo.
Mo hilft Filo.

Mut

Tip hat Mut.
Tip holt Luft...

Hat Tap Mut?
Papa hilft Tap.

Papa macht Tap Mut.

Mo planscht im Wasser.
Der Uhu wird nass.

„U hu! U hu!“

Mama hilft Mi.

Mi taucht bis auf den Grund.

Hallo, Uhu!

Mi umarmt Lotta.
Mo umarmt Lotta.

Mama hat Mo im Arm.
Papa hat Mi im Arm.

Der Mond leuchtet hell
und die Sterne funkeln.

Im Wald ist Ruhe.
Nur der Uhu ruft.

„U hu! U hu!"

„Hallo, Uhu!",
ruft Lotta.

„U hu! U hu!"

Lotta in Not

Mi nimmt Mo mit.

Mo ruft:
„Mi, halt mal an,
nimm Lotta mit!"

„Lotta, hopp!"

Lotta springt.
Aber sie plumpst ins Wasser.

„Nanu, Lotta!“,
ruft Filo.

Filo hilft Lotta.

Mi nimmt Lotta mit.
Mi nimmt Filo mit.

*Nun fährt Mi mit allen los.
Festhalten!*

Salto

Mi turnt mit Lotta.
„Lotta, hopp!"

„Hui!"

„Lottas Salto ist so toll!",
ruft Mo.
„Mi, nun turn mit mir!"

Aber Lotta schreit:
„Noch einmal!"

„Los, Tip,
turn mit mir!“,
ruft Tap.

Tip hat keine Lust.
Sie liegt lieber
in der Sonne.

„Los, Papa,
turn mit uns!“

Hilfe!

„Mama? Papa?"

„Sehen uns unsere Eltern?
Hilfe!"

Mi umarmt Mo.
Mo umarmt Mi.

Mi und Mo haben sich verlaufen.
Sie sehen ihre Eltern nicht mehr.

„U hu! U hu!“

„Hallo, Uhu,
hilf uns!“

„Hole unsere Eltern her!
Uhu, rette uns!“

Am Fluss

Mi und Mo rennen
hinunter an den Fluss,
denn Mo hat Durst.

Lotta rennt hinterher.

Wer war hier am Fluss?

„Der Turm ist toll“,
findet Lotta.
Alle finden den Turm toll.

„Da sind Namen im Sand!“,
ruft Mo.

Mi und Mo lesen.
„Das sind
seltsame Namen.“

Wer hat den Turm gebaut?

Fremde

Mi und Mo merken,
dass Fremde kommen.

Lotta rennt hin.
Mi und Mo halten
den Atem an.

Mi und Mo kennen
noch keine Menschen.

Das Kind filmt mit der Kamera.

Als Lotta kommt,
knurrt der Hund.
Da rennt Lotta fort.

Das Kind filmt den Hasen.

Mi und Mo bleiben im Versteck,
bis die Menschen fort sind.

Der Film

„Kinder kommt!", ruft Mama.
„Wir wollen unseren Film ansehen."

„Der Film ist prima", findet Tim.
„Da wandern wir im Wald.
Da ist der Turm am Wasser.
Da rasten wir."

„Und da rennt der Hase!", ruft Lisa.

Der Hund knurrt leise.

„Halt den Film mal an!“, ruft Mama.
„Hinter den Tannen ist etwas.“

„Was ist das?“

A B C D
H I J K
O P Q u
U V W

E F G
L M N
R S T
X Y Z